La rhétorique du psychanalyste

Collection Psychanalyse

www.editions-hermann.fr

ISBN : 979 1 0370 4544 7

Jean-Gérard Bursztein

La rhétorique du psychanalyste

hermann
Depuis 1876

Avertissement

Pour le psychanalyste, qui considère l'ensemble des Séminaires de Lacan jusqu'au *Moment de conclure*[1], il faut choisir dans la production de ses notions, de ses concepts et de ses écritures formelles. À étudier le texte de Lacan, on s'aperçoit que celui-ci essaye de nombreuses voies et que certaines d'entre elles ne sont pas à poursuivre. J'ai donc fait le choix – que je crois non arbitraire mais subjectif et, en tout cas, assumé – de laisser tomber un certain nombre de notions et d'écritures formelles telles que celle de *nœud borroméen généralisé* et celle d'*ego correcteur*.

J'ajoute que si la psychanalyse n'est pas une science au sens de la physique théorique ou de la cosmologie moderne, elle n'est pas sans la science, sans les mathématiques, sans la rhétorique, sans la philosophie, disciplines qui ont pour charge *d'établir la cohérence* de la théorie psychanalytique. C'est pourquoi je poserai que :

– pour la pratique, ce qui guide le psychanalyste dans son savoir, c'est une *rhétorique* ;

---

1. J. Lacan, *Livre XXV, Le moment de conclure, 1977-1978*, inédit.

– pour la théorie, c'est le *formalisme subjectif* qui, seul, peut faire enseignement de psychanalyse.

I

Le confit entre psychanalyse et psychologie

1. Le conflit entre psychanalyse et idéologie neurocognitive

Pour le psychanalyste d'aujourd'hui, le conflit entre les théories psychanalytiques et les idéologies neurocognitives, proposant plasticité cérébrale et neurodiversité, menace l'existence sociale de la psychanalyse. En effet, à la fin du XIXe siècle, déjà Freud avait séparé la doctrine du psychique de celle des maladies organiques du système nerveux[1]. Pour lui, l'hystérie était un *souvenir* qui obligeait à une science nouvelle : *la psychanalyse*. De fait, le conflit entre psychanalyse et idéologie

1. S. Freud, *Compte-rendu de mon voyage d'études à Paris et à Berlin*, 1886, vol. I, 1886-1893, Ocf-P, Paris, PUF, 2015, p. 18.

neurocognitive est un conflit philosophique entre le *monisme* réducteur – qui affirme que la pensée est secrétée par la matière comme le foie sécrète la bile – ou le *dualisme*, lequel affirme l'irréductible différence entre la pensée et le corps. Ce conflit philosophique oblige chacun à faire son choix.

Notons que ce dualisme entre la pensée et le corps n'est autre que celui entre le *Moi* et le *Ça*. Avec Lacan, le *Moi* se conçoit comme résultant du circuit du *fantasme* sur les frontières de la *zone topologique de l'objet (a)* et le *Ça* comme le *réservoir de paroles* qui font écho dans le corps.

Aujourd'hui, l'idéologie neurocognitive, revenant sur les découvertes de Freud, affirme que tout ce qui est psychologique chez l'être humain se trouve dans les neurones. L'idéologie technoscientifique se réfère donc à une réalité humaine réduite au cerveau – réalité que l'on peut modifier par les médicaments (les régulateurs chimiques) – alors que le psychanalyste se propose d'affronter le *non-sens de l'existence*, pour *savoir y faire* avec celui-ci. C'est que, pour le psychanalyste, à la différence de l'idéologie neurocognitive, le *non-sens de l'existence* est la question la plus fondamentale pour l'être humain. C'est pourquoi, plutôt que de maitriser celui-ci par des *normes*, notons que le *normal* s'appuie plus sur le *langage* et *lalangue*, c'est-à-dire sur le *Symptôme* de chacun.

2. Différence entre savoir et connaissance

La différence entre *savoir* et *connaissance* (qui existe en français mais pas en anglais) permet de préciser en quoi le *désir de savoir du psychanalyste* est différent du *désir de savoir de l'hystérique*. En effet, le désir de savoir du psychanalyste n'est pas le *désir d'un savoir en plus*, c'est le désir de découvrir le *savoir insu du sujet*. Il faut pour cela parcourir tout le champ du *savoir enseignable*. Ce *savoir enseignable* se révèle donc comme un *universel*. Celui-ci désigne tout le champ de la connaissance. Il faut en effet tout connaître *afin de* reconnaître ce qui est différent, c'est-à-dire *Autre*. Ce *savoir Autre* différent de la *connaissance*, c'est celui qui approche l'objet (a) comme *reste* inatteignable en tant que tel qui se métaphorise dans la formulation toujours singulière[2] du fantasme fondamental. Du point de vue topologique, on doit représenter ce mouvement de découverte du *savoir insu* comme un mouvement mœbien

---

2. Voir P. Alféri, *Guillaume d'Ockham, le singulier*, Les Éditions de Minuit, 1989.

qui fasse retour au même point de départ sur une autre face de la bande de mœbius. Il ne s'agit donc pas ici d'une *distance* mais du passage à l'autre bord de la bande de mœbius. Par ailleurs, ce passage s'exprime aussi comme le passage du discours du maître au discours psychanalytique. Le discours psychanalytique venant recouvrir et croiser le discours du maître est donc comme la révélation du *savoir insu* du sujet lui-même.

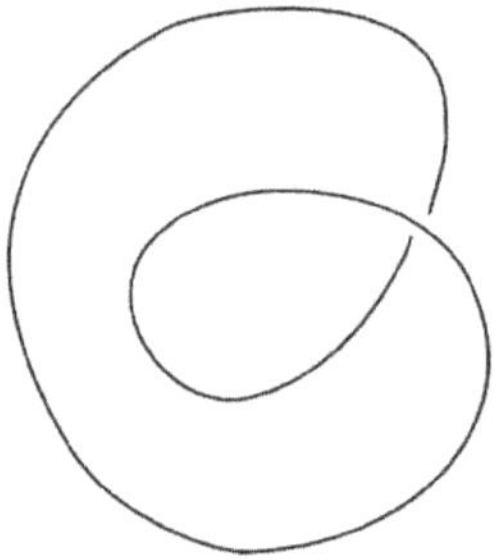

Figure 1 : Mouvement mœbien de la connaissance au savoir insu.

3. L'inexistence du dernier enseignement de Lacan

Il n'existe pas de dernier enseignement de Lacan, car toute avancée en psychanalyse est une possible reprise de toutes les avancées précédentes dans la lignée de Freud. C'est ce mouvement que j'appelle *retour à Freud.* C'est pourquoi, plutôt que de choisir les deux derniers Séminaires de Lacan, le XXIV *L'insu*[3] et le XXV *Le moment de conclure*, je propose de partir du Séminaire XX, *Encore*[4] dans lequel Lacan présente l'hypothèse borroméenne (R, S, I), comme espace pour l'inconscient.

Mon hypothèse concernant Lacan est que, partant de la psychose, il saisit que *l'altérité* est fondamentale pour le Moi. Le « *Moi* » se constitue par identification imaginaire à un autre, le petit autre, notée i'(a). C'est l'identification fondée par un Autre, le *grand Autre*, noté (A).

---

3. J. Lacan, *Le séminaire, Livre XXIV, L'insu que sait de l'une-bévue s'aile à mourre : 1976-1977*, inédit.

4. J. Lacan, *Le séminaire. Livre XX, Encore : 1972-1973*, Paris, Seuil, 1975.

II

L'espace subjectif

1. La structure dimensionnelle de l'espace subjectif

Jacques Lacan a interprété immédiatement le *nœud borroméen* comme l'espace qui convenait à la Structure (R, S, I) ; on doit cependant interroger les raisons épistémologiques qui justifient son interprétation. C'est la découverte de la *dimensionnalité* qui rend compte de cette Structure de l'espace subjectif. En effet, la découverte de la dimensionnalité outrepasse la naturalité pour promouvoir l'idée d'un espace différent de l'espace euclidien. Suivant Poincaré, c'est la *topologie* qui est le véritable domaine de l'intuition géométrique (qui permet de voir en quatre dimensions). La dimensionnalité – comme je l'explique plus bas dans la note – est liée au *nombre de coupures*[1] opérées dans ce nouvel espace. Autre point essentiel : l'introduction de l'espace dans le temps comme *quatrième dimension*. Leur intrication résulte du travail de Poincaré et d'Einstein, *elle constitue l'espace-temps comme un espace à trois dimensions indissociables*[2] (R, S, I) *plus* une *quatrième pseudo-dimension*. Je désigne comme pseudo-dimension l'élément variable de cette Structure. C'est donc la découverte de ce nouvel espace intriquant l'espace et le temps qui permet de donner un tel statut au nœud borroméen.

---

1. Poincaré pose que, pour diviser l'espace, il faut des coupures qui soient des surfaces, pour diviser des surfaces des coupures qui soient des lignes, pour diviser des lignes il faut que ce soient des points. Seuls les points ne sont pas des continus ; les lignes sont des continus à une dimension, les surfaces à deux dimensions et les volumes à trois dimensions. Poincaré, *La valeur de la science*, Flammarion, 1970.

2. Paty Michel, *Les trois dimensions de l'espace et les quatre dimensions de l'espace-temps*, Flament, Dimension, dimensions I, Fondation Maison des Sciences de l'Homme, 1998, p. 87-112. Les récentes découvertes en mécanique quantique, dans ce que les savants appellent « la gravité quantique à boucle » modifie l'idée même de l'espace et du temps.

2. L'objet cause du désir

Posons que l'objet (a) désigne un champ continu, continûment modifiable, sous la forme d'une cristallisation d'un objet à travers une *zone topologique locale*, où se déploie le fantasme du sujet. L'inatteignable du réel de la jouissance se laisse cependant approcher par des métaphores sous la forme de l'objet (a) du fantasme.

3. La différence entre parole et écriture

Dans le séminaire *R.S.I.*, Lacan note :

> Ce qui de l'inconscient peut se traduire par une lettre, en tant, que seulement dans la lettre, l'identité de soi à soi est isolée de toute qualité. De l'inconscient tout Un, en tant qu'il sustente le signifiant [...] tout Un est susceptible de s'écrire d'une lettre [...] ce qui ne cesse pas de s'écrire dans le Symptôme relève de là[3].

---

3. J. Lacan, « Leçon du 21 janvier 1975 », *Livre XXII, R.S.I., 1974-1975*, Éditions de l'Association Freudienne Internationale.

À partir de ce séminaire, on doit concevoir que la différence entre parole et écriture se manifeste comme la *différence entre entendre et lire*, c'est-à-dire comme une différence entre l'ordre des signifiants et celui de l'écriture. L'écriture est comme le reste de *ce qu'il a plu* du nuage du signifiant. Cette précipitation de l'écriture fonde la *non-identité à soi du signifiant et l'identité à soi de la lettre*. Il y a donc dans la lettre (a) comme un non-sens radical, comme un Réel. Ainsi, reprenant la formule *je te demande ; de refuser ; ce que je t'offre ; parce que ce n'est pas ça*, notons que la zone topologique de l'objet (a) est le lieu où peut se révéler le fantasme incestueux du sujet.

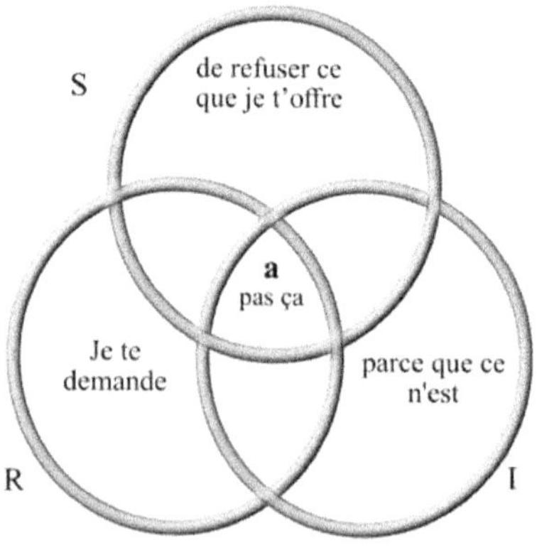

Figure 2 : Une interprétation
de « Je te demande… » dans le nœud borroméen.

4. Les quatre dimensions du réel en psychanalyse

De façon congruente à la structure de l'univers, la subjectivité de l'être humain se réalise en *trois dimensions* : le Réel (R), le Symbolique (S), et l'Imaginaire (I), plus le Symptôme σ, comme *pseudo-quatrième dimension*, variable.

J'appelle réel subjectif ce que les philosophes désignent comme la pensée. Ce réel subjectif est celui du *nœud borroméen*. Pour le psychanalyste, c'est désormais la *Structure* où situer l'inconscient. Je note aussi que ces trois dimensions plus celle du Symptôme dépendent de la façon dont la Structure se déploie. Dans l'autisme et la psychose, je fais l'hypothèse qu'elles ne sont pas déployées.

5. La finalité interne à la Structure subjective[4]

Définissons le Nom-du-père comme une *finalité interne* à la Structure subjective, en posant que celle-ci s'exprime dans la fonction d'un *nœud à trois* plus celle de la *quatrième*

---

4. Je rectifie ici mon article de 2022.

pseudo-dimension du Symptôme σ[5]. Je fais de ce *nœud à trois*[6], plus celle de la quatrième pseudo-dimension du Symptôme la fonction qui finalise le nouage structural comme nouage borroméen à trois consistances séparées, sauf *ratage*. Ratage qui consiste à ne pas pouvoir déployer les trois consistances (R), (S), (I) du nœud borroméen. Le Nom-du-père comme *finalité* implique la réalisation d'un tel nouage, support du langage et de la parole, quels que soient les troubles de ce déploiement.

Ainsi :

– dans *l'autisme*, on constate que le déploiement des trois consistances se réduit à une seule consistance – constituée par la ternarité (RSI) – ce qui entraîne des troubles de la parole ;

– dans la *psychose*[7], le ratage du déploiement borroméen se réalise comme *nœud de trèfle*. Ce non déploiement implique une non-séparation

---

5. Je nomme petit sigma, σ, cette quatrième pseudo-dimension du Symptôme ; réservant le symbole grand sigma, Σ, pour définir la Structure tout entière.

6. J. Lacan, *Livre XXIII, Le sinthome 1975-1976*, Paris, Seuil, 2005.

7. J. Lacan, *Le Séminaire, Livre XXIII, Le sinthome, op. cit.* p. 53-54 : « L'imaginaire, le symbolique et le réel sont une seule et même consistance, c'est en cela que consiste la psychose paranoïaque ».

délimitée sur le nœud de trèfle et, par voie de conséquence, un risque de décompensation ;

– dans le cas d'un *nœud borroméen sinthomatique*, le nouage se fait grâce à la quatrième consistance supplémentaire de l'ego. Il est fondamental de différencier la quatrième consistance du sinthome comme *suppléance*, assurant le nouage borroméen de la Structure, de la *quatrième pseudo-dimension du Symptôme*, σ, espace variable susceptible, dans la névrose, de se réduire au fur et à mesure des avancées de la cure psychanalytique ;

– dans la névrose, le principe de finalité tient au fait que c'est du *triskel, comme structure ternaire, que le nœud borroméen se déploie en trois consistances séparées (R), (S), (I)*[8] *sous l'action du phallus symbolique* Φ, en tant que celui-ci compactifie les trois consistances du Réel, du Symbolique et de l'Imaginaire.

Si le phallus symbolique Φ a cette capacité de compactifier et de finaliser la Structure (R, S, I), c'est qu'il se situe au *lieu du voisinage des points à l'infini* dans la Structure. La finalité inhérente à la Structure est donc inséparable de la propriété topologique de la *droite infinie* : celle de pouvoir se compactifier, c'est-à-dire de se fermer sous la forme d'un cercle permettant

8. J. Lacan, *Livre XXII, R.S.I., op. cit.*

de faire *trou* topologique dans l'espace euclidien. En effet, ce qui fait fonctionner la finalité, c'est que *la Structure est sujet* causé par l'objet (a). Au niveau des fondements, l'hypothèse est que la structure topologique est la même que la structure-de-l'inconscient, et donc que le phallus, comme fonction qui assure la *signification* au fait de parler, est aussi une fonction qui assure la *compactification* du nouage borroméen au niveau de l'espace.

En *cosmologie*, la finalité est une hypothèse philosophique discutée alors qu'elle est une hypothèse fondamentale pour le psychanalyste.

6. Qu'est-ce que l'Un

Puisque les différences entre les individus ne sont pas saisissables, notons que tous les individus se réfèrent à l'Un, c'est-à-dire à un absolu référentiel et non pas à un point d'origine. C'est dans la cosmologie d'Aristote, que Lacan trouve l'idée de cet Un qu'Aristote désigne comme « premier moteur » :

> L'Un ne saurait être fondé sur la mêmeté ; Au contraire, il est marqué par la théorie des ensembles comme devant être fondé sur la pure et simple différence […] l'ensemble vide est donc proprement légitimé par ceci qu'il est, la porte dont le

> franchissement constitue la naissance de l'Un, le premier Un qui se désigne à une expérience recevable, je veux dire recevable mathématiquement [...] ce qui constitue l'Un [...] c'est qu'il ne commence que de son manque[9].

Notons donc deux fonctions de l'Un :

1) soit la *fonction imaginaire* où l'Un est confondu avec l'individu selon la croyance que celui-ci relève de son image corporelle. C'est *l'Un unien* ;

2) soit la *fonction symbolique*, comme fonction de la numération et de la suite signifiante, c'est *l'Un unaire.*

Cette différence permet de penser le passage de *l'Être à l'Un* :

> Y a d'l'Un ne veut pas dire qu'il y ait de l'individu[10]

---

9. J. Lacan, « Leçon du 19 avril 1972 », *Le Séminaire, Livre XIX, ... Ou pire : 1971-1972*, Paris, Seuil, 2011.

10. J. Lacan, ... *Ou pire, Livre XIX, idem.*

Cet *Un-premier moteur* reformule ce que Freud définit comme le père totémique, le père supérieur dans *Moïse et le monothéisme*[11]. Cet *Un* n'est pas dans la réalité matérielle d'aucun individu mais dans le réel du langage d'où ce nom *d'Un Réel.*

11. S. Freud, *Moïse et la religion monothéiste*, vol. XX, Ocf-P, Paris, PUF, 2010.

III

(R, S, I) n'est pas un paradigme mais le nom de la Structure inconsciente

1. La topologie n'est pas une métaphore mais présentation[1] du réel de la Structure (R, S, I)

La topologie n'est pas une *métaphore* ni une analogie du fonctionnement de la Structure ; elle est au contraire la présentation formelle de ses mouvements. Il n'y a pas ici d'*écart* entre l'entité topologique et la Structure comme dans les métaphores ou les analogies. Suivant Lacan, je privilégie les figures de la *bande de*

1. *Darstellung*, présentation et non pas représentation, *Vorstellung* en allemand.

mœbius et du *nœud borroméen* et leur *intrication*. Celle-ci permet désormais de penser à la fois le déploiement et les modalités de toute l'expérience clinique. En effet, cinquante ans après la mort de Lacan et compte tenu des avancées dans la topologie dans la culture mathématique, affirmons que la présentation pédagogique des années 1980 n'est plus nécessaire. Ainsi, la présentation selon laquelle lorsqu'on coupe un nœud borroméen, cela libère les deux autres consistances, induisait une modélisation qui ne correspond aucunement à l'expérience clinique car le *nœud subjectif* ne se déconstruit pas : il ne cesse de se transformer.

2. (R, S, I) n'est pas un paradigme

Il ne s'agit pas ici d'une entité intellectuelle mais bien du nom de la Structure de l'inconscient en tant qu'elle se situe dans le nœud borroméen. À cet égard, les consistances (R), (S), (I) ne sont pas tant des catégories que des dimensions réelles du nouage (R, S, I).

3. Différence entre l'impossible Réel de l'inconscient et celui de la science

Avec le *nouage borroméen*, comme *présentation du réel* de la Structure (R, S, I) et non pas comme *représentation*, on fait apparaître dans le nouage ce qui n'était pas manifeste dans les écritures formelles. Dans cette écriture du nœud, il n'y a pas de variable cachée. Le point essentiel tient au fait que le nouage borroméen s'appuyant sur *l'impossible*, c'est-à-dire sur l'impossible de la fusion incestueuse (ce que j'appelle la *substance jouissante*) montre dans la Structure elle-même la *singularité*[2] *du sujet*, à la différence de l'approche scientifique du réel. En effet, il n'y a nulle substance qui définirait ce réel ; celui-ci, de façon métaphorique, est comme un trou sans fond.

Ainsi, à revenir sur le *cas Dora*, on peut faire la supposition que :

– le *Réel impossible* n'est autre que le souhait de l'acte de fellation avec le père ;

– le *Symbolique*, est la position de confident ou de garçon que lui assigne le père ;

---

2. Ce qu'on appelle *singularité*, est l'universel singularisé, c'est-à-dire le fait que l'universel ne concerne que le seul sujet.

– *l'Imaginaire* est une position de refus de la position femme ;

– *l'objet (a)* est un fantasme autour du pouce-pénis.

Affirmons donc que le nouage borroméen est *l'universel* d'une écriture mathématique, propre à interpréter le plus *singulier* du sujet, comme je le propose pour le cas Dora.

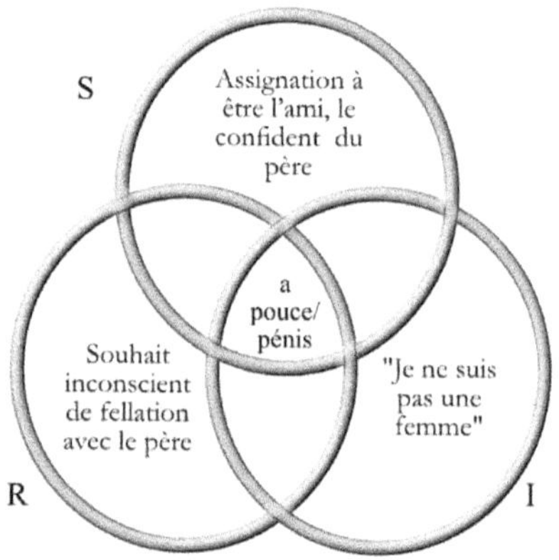

Figure 3 : Une interprétation du cas Dora dans le nœud borroméen.

Ces écritures borroméennes montrent comment, sous la pression du *Réel* comme *l'impossible de l'inceste*, se produit une interaction entre le *Symbolique* et *l'Imaginaire*, voire, comme l'affirme Lacan dans le chapitre VI du *sinthome*, « *une production de paroles imposées* ».

4. L'inexistence d'une clinique continuiste

Il est faux d'imaginer que tous les êtres parlants sont logés à la même enseigne. En effet, même si chaque sujet trouve une façon de suppléer au manque du grand Autre, *cette trouvaille n'est pas subjective mais structurale*, dans la mesure où, c'est dès la naissance, via le grand Autre maternel, que la Structure se transmet, soit comme une névrose, comme une psychose ou comme une structure sinthomatique. Affirmer que « tout le monde est fou » ne veut pas dire pour autant que tout le monde est psychotique ; on ne peut concevoir une continuité entre les formations cliniques. Il n'y a pas de clinique universelle du délire.

IV

Le statut du corps subjectif

1. L'ego

Du fait de l'entrée dans le *nœud du langage*, le sujet perd l'hallucination du corps du grand Autre, ce qu'il imagine comme être la fusion avec le corps maternel. Dès l'advenue de cette première perte, qui correspond à ce que Freud appelle le moment de la *détresse* (*Hilflösigkeit*), le *trauma,* le sujet constitue son *ego* en rapport avec « l'idée de soi comme corps[1]. »

---

1. J. Lacan, *Le sinthome*, *op. cit.*, p. 150.

2. Le semblant

> [...] Tout ce qui est discours ne peut que se donner pour semblant [...] le signifiant est identique au statut comme tel du semblant[2].

Dans le travail psychanalytique se révèlent les *signifiants maîtres* qui ont déterminé les identifications du sujet et constitué son *fantasme fondamental* et son Symptôme. Dans le travail de la cure, ces signifiants maîtres montrent leur statut de semblant et mettent en évidence la *jouissance* qui s'y attache. Lacan identifie la révélation de cette jouissance avec l'émergence d'un *signifié*[3]. Notons alors qu'on doit identifier ce signifié à une *lettre-trace mnésique* qui comme telle constitue le *corps vécu* du sujet : son *ego*. La cure peut permettre de modifier cet ego.

---

2. J. Lacan, *Le Séminaire, Livre XVIII, D'un discours qui ne serait pas du semblant*, Seuil, Paris, 2006, p. 15.

3. J. Lacan, *D'un discours qui ne serait pas du semblant*, *op. cit.*, p. 122.

3. L'irréductible différence entre les jouissances

Intrinsèquement liée à la question de la sexualité féminine, la *jouissance féminine* a été dite une jouissance préœdipienne, c'est-à-dire non œdipienne, par des psychanalystes féminin, Hélène Deutsch, Ruth Mack-Brunswick et Jeanne Lampl-de Groot. Les questions posées étaient celles du statut de la *frigidité*[4], de la différence, voire de l'opposition, entre *jouissance vaginale* et *clitoridienne*. Freud, en 1931, dans sa réponse à H. Deutsch, posait que l'homosexualité continuait la masculinité infantile, alors que pour Lacan, il s'agit d'un *événement de corps* qui témoigne d'une *Autre jouissance* que la jouissance phallique liée au langage. Il n'y a donc pas une seule jouissance mais irréductiblement plusieurs jouissances. Redéfinissons-les.

1) Il existe la *jouissance phallique liée au langage* (JΦ) sous sa double forme : la jouissance phallique liée à la satisfaction sexuelle. Mais il existe aussi un forçage de celle-ci, c'est la jouissance phallique *masochiste* liée à la

4. J. Lacan, *Le séminaire. Livre XX, Encore : 1972-1973*, Paris, Seuil, 1975, p. 70.

demande du grand Autre, jouissance notée (JA). C'est la *jouissance de l'Autre*.

2) Il existe la *jouissance féminine* c'est-à-dire *la jouissance hétéros*, ce que j'appelle *l'Autre jouissance* comme différente de la jouissance de l'Autre. La difficulté tient au fait que cette Autre jouissance n'est pas le fait de tous. En effet, certains sujets hommes ou femmes, pris dans la jouissance phallique ne peuvent accéder à cette Autre jouissance. Ils sont entièrement pris dans la jouissance phallique, ils n'accèdent donc pas au *pas-tout phallique* qui caractérise l'autre aspect de la Structure. Les mystiques témoignent de cette Autre jouissance comme Thérèse d'Avila. Je ne fais cependant pas de cette *Autre jouissance*, la jouissance comme telle, mais je la conçois comme une deuxième modalité de la jouissance liée *à la bispatialité de la Structure*, bispatialité que l'on peut appeler homme/femme.

4. Une déviation homosexuelle de la psychanalyse

On ne peut, de façon sociologique, noter que l'Œdipe serait seulement un semblant freudien qui collerait à la famille paternaliste de la fin du XIXe siècle. On ne peut non plus affirmer de façon homosexuelle que la *féminisation de l'homme* serait en cours, ni même faire de la position psychanalytique une position féminine. L'écoute analytique relève du *pas-tout phallique* que l'on soit homme ou femme. Car les catégories, les concepts, les notions de psychanalyse sont intrinsèquement psychanalytiques et ne peuvent être mis en parallèle avec les productions historiques.

5. Le phallus Φ, signifiant de la différence homme/femme, son espace

Dans le deuxième temps de son enseignement, celui où Lacan situe la Structure (R, S, I) dans l'espace du nœud borroméen, le concept de phallus Φ se modifie et devient à la fois fonction phallique et jouissance phallique. Il trouve son lieu d'ek-sistence dans la consistance du nœud borroméen. De plus, je définis ce phallus symbolique Φ par les concepts de *moteur*, de mise en place de la Structure. Le *premier* que j'appelle *mobile* s'exprime comme un *voisinage de points à l'infini* qui réalise la *compactification* et le déploiement de la Structure subjective.

Le *deuxième*, que j'appelle *immobile*, se situe dans la zone topologique de l'objet (a) qui, comme espace topologique, exprime la causalité et fonde la dynamique de la Structure subjective en générant la production de nouveaux signifiants sur ses frontières.

De plus, loin d'être réduit à un signifiant, le phallus Φ est coextensif à l'espace de la frontière entre la partie tout phallique et la partie pas tout phallique. En ce sens, on ne peut le réduire à un semblant.

V

Que signifie « il n'y a pas de rapport sexuel » ?

1. L'acte sexuel

Déjà Freud, en posant l'équivalence de différents objets ayant valeur phallique – le sein, le caca, l'enfant, le pénis –, note que le sexe n'est pas tant une relation entre les sujets qu'un rapport à *un objet ayant valeur phallique.* C'est ce que Lacan nomme objet (a) le 9 janvier 1963 dans le Séminaire *L'angoisse*[1]. Il poursuit en notant que la notion de phallicisme implique un dégagement de la catégorie d'imaginaire pour devenir une catégorie symbolique :

1. J. Lacan, *Le séminaire. Livre X, L'angoisse : 1962-1963*, Paris, Seuil, 2004.

> Le phallus c'est le désir de l'Autre dans sa position de signifiant[2].

On saisit donc que l'acte sexuel et son bénéfice pour le sujet consistera en :

1) une identification du sujet à être l'objet du désir de l'autre, du semblable ;

2) une reconnaissance de soi comme objet ;

3) une reconnaissance de soi comme objet phallique, c'est-à-dire comme *signifiant phallique*. Ceci procurant au « *Moi* » du sujet une sorte d'épanouissement identificatoire.

2. Aperception symbolique de la Structure

Ainsi, lorsqu'un sujet reçoit le prénom d'un ancêtre ou d'un proche attaché à une particularité quelconque, il lui est très difficile de s'extraire de cette *nomination* qui peut lui faire rater son destin propre. Pour le psychanalyste, il est donc impératif de s'appuyer sur une *aperception symbolique de la Structure* de son analysant ; ce qui lui permet d'apercevoir

2. J. Lacan, « séance du 1er juillet 1959 », *Le séminaire. Livre VI, Le désir et son interprétation, 1958-1959*, Paris, De la Martinière, 2013.

partiellement la Structure-de-l'inconscient afin de l'aider à sortir de son fantasme fondamental.

3. Il n'y a pas de rapport sexuel (1)

Lacan nous a laissé une esquisse de présentation topologique (*Le Sinthome*, p. 54) de l'aperception symbolique liée à la transformation de la quatrième consistance du Symptôme, aperception qui seule permet de définir un ordre dans le nouage borroméen et de le différencier du sinthome pour réaliser cette nomination symbolique. Mais je laisse de côté cette écriture en laissant d'autres développer ce point.

Par contre, je note que Lacan n'a pu écrire de façon *nodale* ni le rapport sexuel, ni son absence. Ainsi, on ne peut valider cette tentative d'écrire le non-rapport sexuel avec un borroméen dégénéré car l'énoncé « quand il y a équivalence, c'est bien en cela qu'il n'y a pas de rapport » n'est ni démontré ni montré. Il y a ici une tentative[3] de Lacan de prendre appui sur le nœud borroméen sans y parvenir.

3. Voir sur ce point Allouch Jean, *L'Autre sexe*, Epel, 2016.

4. IL N'Y A PAS DE RAPPORT SEXUEL (2)

> L'homme, une femme [...] ce ne sont rien que signifiants. C'est de là, du dire en tant qu'incarnation dite du sexe, qu'ils prennent leur fonction. L'Autre, dans mon langage, ce ne peut être que l'Autre sexe. (*Encore* p. 39)
>
> Il n'y a pas de rapport sexuel parce que la jouissance de l'Autre prise come corps est toujours inadéquate – perverse d'un côté, en tant que l'Autre se réduit à l'objet (a) – et, de l'autre, je dirais folle, énigmatique[4]. (*Encore*, 26 juin 1973)

On conçoit alors que le sexe s'incarne dans le *Dire* tel que le rapport sexuel n'est plus tant localisé dans le rapport homme/femme mais dans le rapport au grand Autre.

Enfin, toujours dans le séminaire *Encore* (séance du 13 mars 1973), Lacan, en rapport avec ses formules de la sexuation, affirme que :

> [...] ce $\$$ n'a jamais affaire en tant que partenaire, qu'à l'objet *a* inscrit de l'autre côté de la barre. Il ne lui est donné d'atteindre son partenaire sexuel qui est l'Autre, que par l'intermédiaire de ceci qu'il est la cause de son désir [...]

---

4. J. Lacan, *Encore*, op. cit, p. 131.

[…] la conjonction pointée de ce $\$$ et de ce *a*, [$\$ \rightarrow$ a] ce n'est rien d'autre que fantasme[5].

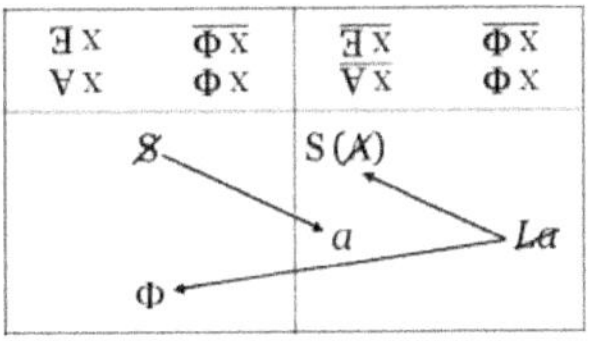

Figure 4 : Les formules de la sexuation[6].

5. J. Lacan, *Encore*, op. cit, p. 75.
6. J. Lacan, *Encore*, *op. cit.*, p. 73.

VI

Le Symptôme, le sinthome, les nominations

1. Quel est le statut du Nom-du-Père ?

Est-ce une « classe de classe », c'est-à-dire une sorte d'*universel* qui désigne le vecteur d'une incarnation de la loi dans le désir ou bien est-ce, suivant Freud, ce Nom du père qui n'est pas une réalité historique mais l'expression d'un totem de grande valeur, c'est-à-dire une sorte de *réel* que Lacan réfère à *l'impossible* ? L'impossible ici désigne tout à la fois *l'interdit de l'inceste* et le *complexe d'Œdipe*, c'est-à-dire le fait impossible que le sujet soit dans une complète « fusion » avec ses ascendants car alors cette fusion incestueuse ne pourrait entraîner que culpabilité et angoisse suivie d'un acte d'autodestruction (le suicide). Le

Nom-du-père n'est donc pas un semblant mais désigne le réel d'une impossibilité. C'est pourquoi, même dans les cas de psychose, on doit affirmer qu'il n'y a pas *forclusion généralisée* de ce *principe d'autorité ultime* mais *forclusion partielle* comme l'a proposé Piera Aulagnier dans ses travaux.

2. Une lecture du séminaire XXIII sur le sinthome

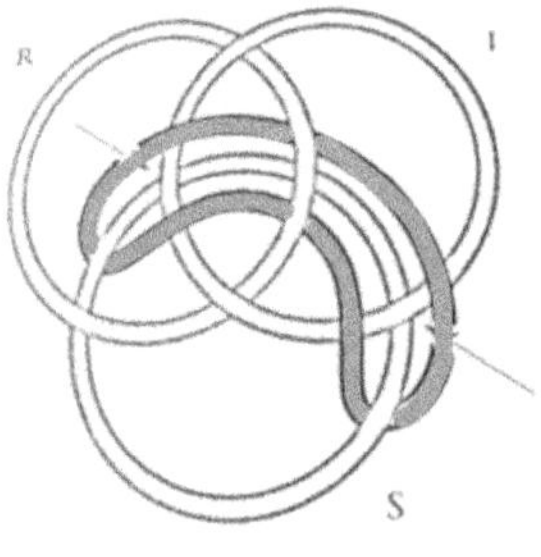

Figure 5 : Le sinthome borroméen.

Dans son séminaire *Le sinthome*, Jacques Lacan[1] énonce :

> Joyce a un Symptôme qui part de ceci que son père était carent, radicalement carent [...] et que

1. J. Lacan, *Le sinthome*, *op. cit.* p. 94-95.

c'est de vouloir se faire un nom que Joyce a fait la compensation de la carence paternelle.
L'art de Joyce est quelque chose de tellement particulier que le sinthome est bien ce qui lui convient.

Il se pose aussi la question de savoir si Joyce est fou ; il n'apporte aucune réponse. Mais, faisant référence à la scène de « la raclée[2] » que Joyce reçoit de la part de quelques camarades, il note que Joyce laisse tomber son corps et l'image de soi c'est-à-dire son *ego*. Lacan avance alors que ce qui assure la Structure est la fabrication d'un *sinthome*, c'est-à-dire une solution idiosyncrasique qui fait fonction de Nom-du-père. Je cite les pages 88 et 89 du séminaire XXIII :

> Son désir d'être un artiste qui occuperait tout le monde [...] n'est-ce pas exactement le compensatoire de ce fait que, disons son père n'a jamais été pour lui un père ?

Dans ce séminaire, J. Lacan note que le *sinthome* est une des formes du Nom-du-père, c'est-à-dire de l'autorité symbolique ultime.

---

2. Voir James Joyce, *Portrait de l'artiste en jeune homme*, traduction Jacques Aubert, Gallimard, folio classique, 1992, p. 138-140, p. 228.

3. Le Nom-du-père, autorité symbolique ultime : Réel, transhistorique ou réalité sociologique ?

À la différence de ses premiers écrits sur le Nom-du-père (années 1968), où J. Lacan renvoyait la fonction du père à l'évolution sociétale et où il affirmait que celle-ci était la cause de son *évaporation*, il énonçait alors dans le séminaire XXIII, sur *Le sinthome* que le père devient un Réel transhistorique dont la fonction est d'être celle d'une nomination. Dans sa conférence *Joyce le sinthome*[3], il note ainsi l'extension du domaine du père au sinthome sous la forme de quatre éléments :

> Le père est cet élément quart [...] sans lequel rien n'est possible dans le nœud du Symbolique, de l'Imaginaire et du Réel. Mais il y a une autre façon de l'appeler : je le coiffe aujourd'hui de ce qu'il convient d'appeler le sinthome.

De plus, dès la fin du séminaire *R.S.I.*, le Nom-du-père prend une *valeur d'exception*, ce que j'ai appelé la *fonction du totem*. Cette

---

3. J. Lacan, *Le sinthome, op. cit.*, p. 167.

fonction d'exception étant aussi une fonction de nomination. Lacan poursuit :

> Pourquoi ne pas concevoir le cas de Joyce dans les termes suivants ? Son désir d'être un artiste qui occuperait tout le monde, le plus de monde possible en tout cas, n'est-ce pas exactement le compensatoire de ce fait que, disons, son père n'a jamais été pour lui un père ? [...] N'y a-t-il pas quelque chose comme une compensation de cette démission paternelle, de cette *Verwerfung* ? [...] Le nom qui est lui propre, c'est cela que Joyce valorise aux dépens du père.

On conçoit alors que Lacan invente à ce moment-là une nouvelle structure clinique qui n'est pas celle de la forclusion psychotique. Nommons-là *structure sinthomatique*. À étudier le séminaire sur *le sinthome*, on comprend aussi que cette structure sinthomatique se met en place dès le début de la vie pour stabiliser la Structure de façon borroméenne.

4. Le sinthome comme suppléance

Pour faire saisir comment cette *structure sinthomatique* vient stabiliser la Structure de façon borroméenne, il est nécessaire d'apercevoir en quoi le sinthome comme quatrième consistance est une *suppléance*. En effet, on comprend que c'est par le biais d'une pratique sans cesse répétée – comme une *armure* – que certains sujets, dès le début de la vie, suppléent au défaut du Nom-du-père. J. Lacan a pris l'exemple de Joyce mais l'expérience nous montre que beaucoup d'autres suppléances sont possibles. Celles des religieux qui tous les jours construisent une sorte de quatrième consistance par des actes cultuels répétés (prières). Il y a aussi celles de certains mathématiciens qui ne cessent d'écrire au tableau. C'est en ce sens que la quatrième consistance du sinthome est une *suppléance*. Pour Joyce, sa pratique de l'écriture lui a créé un *nom propre*. Ce dernier est justement ce qui supplée au Nom-du-père. Cette référence à la suppléance n'indique cependant pas que la singularité[4] de chaque cas soit hors de tout diagnostic. Ici le diagnostic est celui de *structure sinthomatique*. On ne peut donc considérer que le Nom-du-père, *l'autorité symbolique ultime*, ne serait qu'une forme absolument équivalente à une suppléance.

4. P. Alféri, *Guillaume d'Ockham, le singulier*, Les Éditions de Minuit, 1989.

5. La fonction des nominations

L'acte de nommer relève d'une interaction entre les différentes consistances (R), (S), (I) du *nœud borroméen* où se situe le sujet divisé $\not{S}$ de l'inconscient. De façon radicale, *la nomination n'est pas une dénomination* car le langage n'est pas une nomenclature. En effet, la suite signifiante est structurée comme un système de pures différences ayant ses lois propres. C'est ce système que le psychanalyste désigne comme le *grand Autre*. Pour lui, les mots font les choses. Il y a là une *valeur créationniste* de l'effet de nomination. Par ailleurs, je note que le concept de nomination possède une extension très large qui est attachée aux énonciations. Par exemple, si je dis que « tu es mon maître » cela signifie qu'inconsciemment « je suis l'élève ». Si je dis « tu es ma femme » inconsciemment, cela veut dire « je suis ton homme ».

Ce sont les trois consistances (R), (S), (I) qui dans le nœud borroméen permettent de distinguer trois types de nominations :

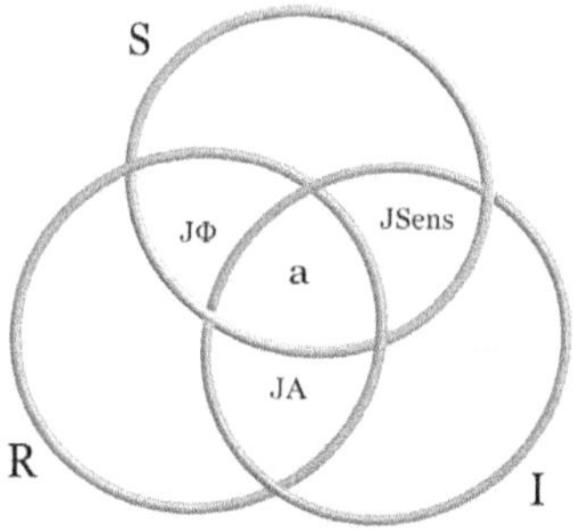

Figure 6 : Les trois champs d'ek-sistence dans le nœud (R, S, I)[5].

Dans cette représentation du nœud borroméen, plusieurs *champs d'ek-sistence* apparaissent à l'interaction, à chaque fois, de deux consistances. Ainsi, le *Sens* émerge du fait de l'interaction des *consistances imaginaire et symbolique*. Cependant, le nœud borroméen étant un *cardinal*, constitué par les trois consistances, (R), (S), (I), il n'est pas possible de dire quel est *l'ordre* (l'ordinal) dans lequel se réalise le nouage. Le psychanalyste, suivant Lacan et reprenant Freud, doit pour cela articuler les consistances (R), (S), (I), à la *structure d'inhibition symptôme-angoisse* que Freud avait déjà mise en évidence. Trois modalités du nouage se présentent alors :

5. J. Lacan, *Le sinthome, op. cit.*, p. 55.

1) celle de la nomination imaginaire liée à l'inhibition ;

2) celle de la nomination symbolique liée au Symptôme ;

3) celle de la nomination réelle liée à l'angoisse.

Dans la problématique du nœud borroméen il est important de saisir que (R), (S), (I), σ[6] ne deviennent *définis* qu'à partir du moment où ils sont nommés. Il y a coextension entre nomination et consistance.

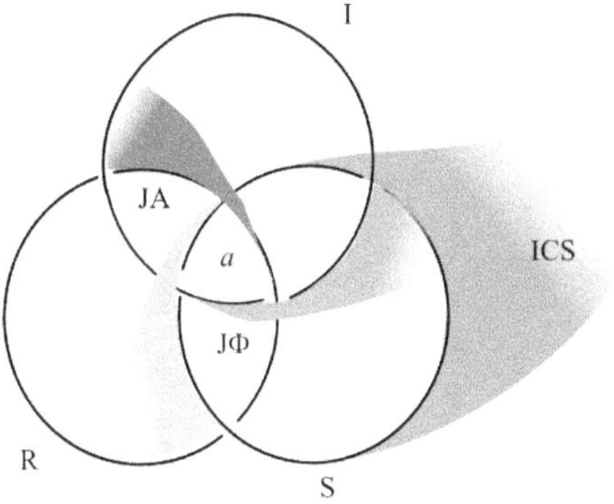

Figure 7 : La structure d'inhibition symptôme-angoisse dans le nœud (R, S, I).

6. Je nomme petit sigma, σ, cette quatrième pseudo-dimension du Symptôme ; réservant le symbole grand sigma, Σ, pour définir la Structure tout entière.

VII

L'espace-temps subjectif

1. La quatrième pseudo-dimension de l'espace-temps

Il n'existe que trois dimensions de l'espace. Ceci est un fait comme nous l'indique Poincaré[1]. De façon congruente aux hypothèses d'Einstein, le psychanalyste note qu'il n'ek-siste que trois dimensions de l'espace subjectif (R), (S), (I). Celles-ci constituent les trois consistances du nouage borroméen. Il existe cependant une *quatrième pseudo-dimension* comme *élément variable*[2]. C'est

---

1. Paty Michel, *Les trois dimensions de l'espace et les quatre dimensions de l'espace-temps*, Flament, Dimension, dimensions I, Fondation Maison des Sciences de l'Homme, 1998.

2. En effet, après Einstein, on notera que le temps est relatif au référentiel choisi pour effectuer les mesures. Ainsi, par exemple, « si je me déplace vers la cuisine pour faire un

l'espace-temps inclus dans la Structure comme *Symptôme*.

Ainsi, sous certaines conditions, l'expérience montre que l'on peut réduire cette *quatrième pseudo-dimension* en la rapportant à la dimension du *Réel* (R) de la Structure, sous la forme d'un *doublage mœbien* (tore). Cette possibilité topologique exprime une *fin d'analyse* pour le sujet névrotique. L'expérience montre aussi que pas toutes les structures névrotiques sont susceptibles d'un tel déplacement dans l'espace de la Structure.

2. La mise en cause de la croyance au grand Autre du temps

Pour un sujet, l'émergence de la vie représente l'abandon de la croyance en un *ordre du temps* voire l'abandon de la croyance au *temps*. Cette croyance n'est qu'une façon de donner imaginairement une consistance au grand Autre. L'acceptation de sa propre mort permet en fin de compte *d'ek-sister* dans une sorte de *maintenant*, de hors-temps.

---

café, la personne qui reste assise sur le canapé, vieillira plus vite que moi ». Voir E. During Elie, à propos du paradoxe des jumeaux de Langevin.

3. Temps, mouvement, hors-temps

Pour le psychanalyste, suivant Freud, *l'inconscient est un hors-temps, Zeitlos*. Je reprends aussi les considérations d'Aristote sur le temps dans sa *Physique*[3]. Il y donne une définition théorique du temps. Celui-ci est le nombre du mouvement selon la relation antérieur/postérieur. Mais surtout, dans cette perspective, le temps est la condition du changement tout autant que la condition épistémologique à partir duquel nous pouvons le percevoir.

En ce qui concerne la subjectivité, Aristote énonce une thèse essentielle, celle qui consiste à poser le temps comme des *instants hors-temps*. Cette définition est fondamentale car elle permet de comprendre l'efficacité de l'inconscient comme tel. En effet, le psychanalyste assimile ces instants hors-temps au *temps du fantasme*, soit comme *fantasme fondamental* soit comme successions de *fantasmes de désir*. Ces instants hors-temps du fantasme – en tant qu'ils s'inscrivent dans l'espace de la zone topologique de l'objet (a) – sont justement ce qui peut causer et réitérer les effets d'après-coup de l'inconscient dans la subjectivité.

3. Aristote, *Physique*, IV, 12, 221b 7-10, édition de. Pierre Pellegrin, Garnier-Flammarion, 2021.

4. Le Symptôme comme modalité du temps dans la structure

Ces *instants hors-temps* du fantasme assurent l'invariance subjective, la *permanence qui seule permet de saisir le temps comme changement*. C'est là le fonds irréductible du Symptôme comme identification du sujet au signifiant représentant le corps halluciné du grand Autre, identification impliquant une jouissance, c'est-à-dire un signe de vie. Ce point de jouissance originaire constitue l'irréductible de la substance jouissante du sujet. Cette problématique permet partiellement de lever l'énigme de la permanence subjective du temps.

5. La difficulté philosophique rendant impossible la saisie de la causalité inconsciente

Je pars de la thèse de Bergson[4] selon laquelle le temps vrai, ce qu'il appelle *durée*, serait le changement. Je fais de cette thèse la difficulté philosophique qui empêche de saisir la causalité inconsciente. En effet, pour lui le « temps réel est envisagé comme un flux ou, en d'autres

4. Voir Bergson Henri, *Durée et simultanéité*, 1922, Flammarion, éd. de Jean-Marc Lévy-Leblond, 2021.

termes, comme la modalité même de l'être […] qui échappe ici aux prises de la connaissance scientifique ». Pour Bergson, dans l'idée de temps, il n'y a que celle du changement dans la durée, car sans changement, il ne resterait rien de temporel. C'est donc l'idée de la continuité du flux de la conscience qui lui permet d'inférer celle du temps lui-même. Mais contrairement à ce qu'il affirme, c'est la permanence d'une sorte de conscience de soi qui rend possible cette perception du changement et non le contraire. Bergson ne peut donc conclure qu'un moi qui ne change pas ne dure pas. Reprenant ici la solution géniale d'Aristote qui conçoit le temps comme une succession *d'instants hors-temps*, je note que cette permanence du Moi n'est autre que celle des instants hors-temps du fantasme.

VIII

Antinomie entre patriarcat et matriarcat

1. L'autorité symbolique ultime

En 1936, dans la lignée de la sociologie de Durkheim, J. Lacan dans son texte *Les Complexes familiaux*[1] fait du Nom-du-père, le point symbolique, garant de la famille et de la transmission de l'ordre des générations. Cette thèse est alors fondée sociologiquement. Ce n'est que bien plus tard entre les années 1970 et 76 qu'il affirmera que le Nom-du-père – qui désigne *l'autorité symbolique ultime* – passe au pluriel : les *Noms-du-père*. À ce moment-là, cette référence symbolique ultime n'est plus liée aux réalités sociologiques mais devient une

1. J. Lacan, *Les complexes familiaux*, 1938, chez Navarin (1984), puis dans *Autres écrits*, Seuil 2001.

réalité transhistorique dans la nomination de ce qui fait *paternité*.

On saisit alors que la *référence patriarcale* de 1936, conçue comme un progrès par rapport à la *référence matriarcale*, pensée comme le fonds irréductible d'un conservatisme basé sur une mise à l'écart de la sexualité, ne cesse jamais d'être le fonds de la civilisation. Il y a toujours les traces et la survivance étendue d'une structure matriarcale de la famille. Le risque de revenir à un stade antérieur à celui de la famille patriarcale est donc toujours présent. Je fais l'hypothèse que matriarcat/patriarcat est l'antinomie constitutive de la civilisation selon des modalités historiques différenciées. En effet, en 1936, Lacan fait des concepts de père et de sublimation la condition du progrès de l'esprit et des mœurs par rapport au conservatisme familial.

2. Les Noms-du-père

En posant le Nom-du-père, c'est-à-dire *l'autorité symbolique ultime*, dans la transcendance du langage, J. Lacan fait de celle-ci une *vérité transhistorique*. Réalité transhistorique qui s'exprime dans le nouage borroméen (R, S, I, σ). Dès lors, le contenu du concept de sujet-de l'inconscient – comme sujet divisé $\mathcal{S}$ – s'élargit. Il n'est plus seulement divisé par la pluralité de signifiants, il est aussi divisé par sa situation dans le nœud des trois consistances (R), (S), (I). L'autorité symbolique ultime ne renvoie plus au signifiant paternel comme exception, mais se réfère à toute la suite des éléments en tant qu'ils font consister la structure-de-l'inconscient.

3. Un concept psychanalytique de société

Pour articuler les *différences* et les *antagonismes* entre les personnes que l'exploitation économique cause nécessairement et *l'identité commune* que la *culture* propose, il est impératif de constituer un concept synthétique de *société*. Concevons que celui-ci désigne *l'articulation* toujours changeante dans l'histoire entre exploitation économique et identité culturelle. Par ailleurs, ce concept de société se réfère à l'articulation des quatre *liens sociaux* c'est-à-dire des quatre discours (le discours du maître, le discours universitaire, le discours du psychanalyste, le discours de l'hystérique). Ce concept de société propose donc une vision intégrative entre la culture (ou ce qui s'appelle, chez d'autres, religion) et l'exploitation économique. C'est dans ces pôles fondamentaux, que se joue pour chaque sujet son *appartenance* à la société et sa *distance* d'avec elle, voire son exclusion.

4. UN CONCEPT PSYCHANALYTIQUE DE RELIGION (1)

Comme psychanalyste, je ne rentre pas dans la différence entre les religions. Je me contente de la définir comme une forme ritualisée du vivre ensemble. Je reprends sur ce point la définition de Durkheim :

> Une *religion* est un système solidaire de croyances et de pratiques relatives à des choses sacrées, c'est-à-dire séparées, interdites, croyances et pratiques qui unissent en une même communauté morale, appelée Église ceux qui y adhèrent[2].

À la différence de certains sujets qui ont besoin des *rites* pour faire tenir leur Structure ou de cette régulation religieuse pour contenir leur jouissance et leur masochisme, et se délivrer ainsi de la culpabilité, l'analysant doit surtout échapper aux règles morales qui font le Surmoi du névrosé.

---

2. Durkheim Émile, *Les formes élémentaires de la vie religieuse*, Paris, PUF, 2012, p. 65.

5. Un concept psychanalytique de religion (2)

On a un corps mais on n'est pas son corps. Le corps est le *grand Autre* en chacun. Se référer au corps implique la nécessité, le destin, la maladie et la mort. C'est la fonction de la religion de mettre à distance le corporel par un certain nombre de cérémoniaux dans la boisson, dans la nourriture. L'éloignement du corps devra à terme être remplacé par le *travail* comme sens de la vie. En effet, le signifiant travail est le *signifiant phallique* Φ par excellence, il est le *signifiant de l'opinion droite*[3], de l'orthodoxie. Cependant, celui-ci n'existe que sous les modalités propres à chacun.

Pour le névrosé, une telle *substitution* se réalise dans la double opération de la cure, celle de l'analyse de son fantasme fondamental et celle de l'acceptation de sa propre mort sous la forme d'une certaine sublimation. Pour certains autres, cette substitution s'établit et permet le surgissement du désir.

Ainsi, malgré le caractère étrange et très inactuel de cette thèse, parler de « signifiant de l'opinion droite » est une façon de reformuler

---

3. J. Lacan, « L'étourdit », 1972, in *Autres écrits*, Paris, Seuil, 2001.

ce que Freud désignait comme *l'universalité du complexe d'Œdipe*. En effet, pour le psychanalyste, il est de la plus grande importance théorique d'intriquer notre *postmodernité* à la *philosophie grecque antique*. Car la psychanalyse, tout comme les mathématiques, est une expérience transhistorique.

IX

L'épistémologie psychanalytique

1. Le continu

Pour le psychanalyste, le *temps* – exprimé par le Symptôme, par le *changement* dans la Structure (R, S, I) par la *suite signifiante* et par la *jouissance*, c'est-à-dire ce sur quoi le changement a lieu – relève du *continu*. Cela veut dire que ces changements sont infiniment divisibles et que ces divisions ont lieu selon des *indivisibles* : le temps est divisé selon l'instant (les instants hors-temps) et le changement selon une unité de changement. L'extrême difficulté de cette conception tient au fait que l'instant n'est pas un temps court. Car le continu n'est pas composé *d'indivisibles* à la différence de ce que pensaient les atomistes anciens. Il faut donc considérer le *temps* comme une série *d'instant hors-temps* ainsi que le propose Aristote. Ajoutons que ces instants hors-temps sont des *limites* (*peras*), c'est-à-dire des *coupures topologiques.* Ce terme désigne une *extension de la structure subjective*[1], c'est-à-dire une montée vers le continu comme *espace dense* constitué de nombres réels $\mathbb{R}$. En ce sens, l'espace devient un continu qui n'est plus constitué de points.

De plus, dans le cas de la *structure mœbienne/borroméenne* où je situe l'inconscient, je pose la thèse selon laquelle la *finalité* du mouvement mœbien est d'articuler les *lettres-traces mnésiques* liées à l'objet (a) par les (S_1) (l'essaim) du sujet avec le déploiement de la suite signifiante (les (S_2)). De façon structurale, il faut donc assigner au mouvement subjectif une fin, fin qui se produit à l'instant indivisible où le mouvement est « coupé ». Il n'est cependant pas possible d'assigner à ce mouvement subjectif un instant de départ car il y aura toujours dans le temps et dans la trajectoire continue du mouvement, un instant antérieur à celui que l'on aura choisi pour instant premier du mouvement.

1. Pour le lecteur intéressé, sous ce terme, je me réfère à une modification psychanalytique du *théorème de Gallois.*

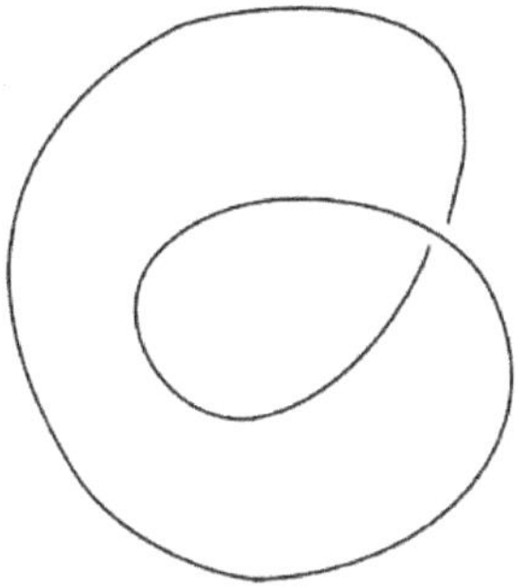

Figure 8 : La coupure du mouvement mœbien.

2. La différence entre contraire et contradictoire

Reprenant certains concepts de la rhétorique d'Aristote, le psychanalyste note que les *contradictoires* sont la forme de l'opposition du sujet à ce qui se présente sous la forme d'une *agressivité* consciente. En effet, les *contradictoires*, à la différence des *contraires*, expriment les conflits subjectifs non résolus liés au *complexe d'Œdipe*. Les *contradictoires* sont cependant différentes des *contraires* dans la mesure où, dans les *contraires*, il y a la possibilité d'une transformation réciproque les uns dans les autres. On doit alors affirmer :

1) que les *contraires* sont la différence maximale entre les différents genres subjectifs. Par

exemple, on concevra que la *névrose* est le contraire de la *normalité inconsciente.*

2) que le passage d'un *contraire* à l'autre définit le changement dans l'espace (R, S, I) de la Structure.

3. L'énigme concernant la pensée et l'inconscient

Il y a, cependant, un point de *non-savoir* irréductible, tant de la pensée que de l'inconscient, ce qui limite notre savoir. C'est la raison pour laquelle la psychanalyse ne peut pas être seulement une déduction argumentative mais prend la forme d'une rhétorique dans la pratique. En ce sens, pour le psychanalyste, *l'énigme* est une valeur à préserver.

4. Qu'est-ce qu'une catégorie ?

Catégoriser signifie attribuer quelque chose à quelque chose. En un sens logique, une catégorie est l'attribution d'un prédicat à un sujet, c'est-à-dire une prédication. Pour le psychanalyste, il y a en psychanalyse la nécessité d'une *philosophie* qui étudie le réel dans ses différentes façons d'exister. Les questions épistémologiques qu'on doit alors se poser sont non pas seulement « qu'est-ce que *le réel*? »

mais « qu'est-ce qui est réel ? », « quelle est la substance de ce réel ? ». Les réponses ici sont que : le réel n'est autre que *le réel* du nœud borroméen (R, S, I) ; ce qui est Réel est la dimension du Réel dans ce nœud borroméen, dimension où émergent de façon aléatoire les *lettres-traces mnésiques* ; la substance ici en cause est la *substance jouissante*.

5. Le nœud à trois

Sous ce concept de Lacan, extrait du séminaire sur *Le sinthome* (*Livre* XXIII), je désigne la *Structure borroméenne* en tant qu'elle est constituée par une série de nœuds à trois : le nœud à trois du Réel, le nœud à trois du Symbolique, le nœud à trois de l'Imaginaire. Déjà Freud, dans sa théorie du rêve prenant en compte la *figurabilité*, montre que l'Imaginaire présente quelque chose qui a une parenté avec le Réel (J. Lacan, 1974, *alla scuola freudianna*[2]). C'est en ce sens que le *nœud borroméen* n'est pas un *modèle* mais une *monstration*.

2. J. Lacan, « Conférence donnée au Centre culturel français le 30 mars 1974 », dans *Lacan in Italia* 1953-1978. *En Italie Lacan,* Milan, La Salamandra, 1978, p. 104-147.

> J'ai été amené à la monstration de ce nœud alors que ce que je cherchais, c'est une démonstration[3].

6. Le statut théorique de la pratique

Dans la perspective de saisir la *rationalité* et la *spécificité* de la théorie psychanalytique et d'éviter de mettre les aphorismes de Jacques Lacan en position d'autorité, je propose de revenir sur sa définition de la psychanalyse comme *pratique de bavardage* et *délire scientifique*[4]. C'est pourquoi dans ce dernier séminaire, je choisis ses *premières énonciations* :

> Ce que j'ai à vous dire, je vais vous le dire, c'est que la psychanalyse est à prendre au sérieux, bien que ça ne soit pas une science [...] c'est une pratique [...] Si j'ai dit qu'il n'y a pas de métalangage, c'est pour dire que le langage, ça n'existe pas. Il n'y a que des supports multiples du langage qui s'appellent « lalangue » et ce qu'il faudrait bien c'est

3. J. Lacan, « Leçon du 11 mars 1975 », Séminaire *R.S.I.*, Éditions de l'ALI.

4. J. Lacan, « Leçon du 15 novembre 1977 », *Séminaire XXV*, *Le moment de conclure*, Éditions de l'Association Lacanienne Internationale.

que l'analyse arrive par une supposition, arrive à défaire par la parole ce qui s'est fait par la parole[5].

Je pars du fait que pour Lacan la rationalité est un fantasme, de même que la science, et qu'il est donc extrêmement difficile de statuer sur le discours psychanalytique. En effet, pour les sujets postmodernes que nous sommes, la science a valeur de vérité. C'est cela que le psychanalyste met en cause dans la mesure où, si la science produit évidemment un savoir, celui-ci n'implique pas qu'il n'y en ait pas d'autres plus vrais. Ce *plus vrai*, j'ai montré qu'il tient à la révélation de la jouissance du sujet, son objet (a). Comment définir cette pratique ? Sur ce point Lacan est ferme, ce n'est pas de la poésie ; il emploie alors le mot *rhéteur*[6] :

> Ce qui fait le vrai et ce qui fait le faux, c'est ce qu'on appelle le poids de l'analyse et c'est en cela que je dis qu'il est rhéteur.

---

5. Id.
6. Voir « Leçon du 15 novembre 1977 », *Le Moment de conclure, op. cit.*

7. La vérité la plus vraie

Il y a une *vérité* qui n'est pas celle de l'adéquation aux choses du monde. Il y a une vérité qui est au-delà du conceptuel, du spéculatif. C'est la vérité qui émerge dans la saisie du fantasme incestueux, de la jouissance qu'il implique. Ainsi, comme dans la cure psychanalytique, ce qui arrête l'interprétation infinie du sens (que veut le grand Autre) est la *dénotation* ; c'est la jouissance du sujet. C'est donc là l'énonciation de la vérité du sujet liée à l'objet (a) qu'il offre sans cesse au grand Autre, sous son aspect brillant, ou que le grand Autre lui impose sous son aspect abject. C'est là, la *vérité la plus vraie.*

8. Le vivant

Avant même l'entrée du sujet dans le nœud du langage, la co-émergence du sujet et du corps *jouissent* est liée à l'effet de *lalangue*, c'est-à-dire du babil, soit *les lettres-traces mnésiques* que le psychanalyste définit comme les signifiants premiers (S_1). Ces signifiants premiers sont la façon dont *l'Un de la Structure marque le sujet.* Notons alors que ce *corps jouissant* ne se situe pas au niveau du Symbolique du langage mais au niveau du *Réel.* Car le signifiant cause une jouissance sur le corps vivant. Le vivant c'est donc : le *corps vivant*, le *corps jouissant*[7]. Je propose le formalisme suivant[8] : S_1/Un.

9. Universel, singulier, particulier

On définira *l'universel* comme une généralité concernant tous les sujets divisés, $\$$.

Le *singulier*, concernant symboliquement un seul sujet divisé $\$$, c'est l'universel singularisé.

Le *particulier*, comme constituant le propre le plus spécifique du sujet divisé $\$$.

---

7. J. Lacan J. Lacan, *Encore*, *op. cit.*, p. 26 : « Nous ne savons pas ce que c'est que d'être vivant, sinon seulement ceci : qu'un corps cela se jouit. »

8. Je m'appuie ici sur une proposition du psychanalyste et mathématicien Jean Bourdiau.

X

La rhétorique du psychanalyste

1. Le statut théorique de la rhétorique

Comment statuer sur cette rhétorique ?

Ne faut-il pas d'abord comme l'affirme Aristote, reconnaître « un autre sens à *l'Être* : celui de *l'Être en puissance* ». Dans ce cas, la *règle du tiers exclu* n'est plus valable. Dès lors, la rhétorique se substitue à la logique dans son usage des catégories. Qu'est-ce donc que catégoriser ?

2. Les trois éléments de la rhétorique du psychanalyste

Notons qu'il y ait trois aspects de la rhétorique du psychanalyste :

1) *celui qui parle* (*ethos*), l'analysant, le psychanalyste ;

2) *celui écoute* (*pathos*), le psychanalyste, l'analysant ;

3) *le discours spéculatif*[1] (*logos*) qui intègre toutes les interactions.

Ces trois aspects s'échangent pour constituer, non pas un dialogue, mais l'expérience psychanalytique elle-même, expérience qui, cependant, n'existe que sous le primat du spéculatif (*logos*). En ce sens, la rhétorique du psychanalyste, peut être définie comme la faculté de discerner dans toute question ce qui relève de la *production d'effets subjectifs, d'affects* – ce que je définis comme un Réel – et de la façon d'y parvenir. À la différence de l'apodicticité *mathématique*, la rhétorique n'oblige à aucune conclusion. Celle-ci relève de la liberté du sujet divisé $\$$. Celui-ci peut accepter de conclure ou pas qu'il doit *perdre l'abjection* qu'il énonce dans le cours de son analyse. À cet

1. Je reprends ici la catégorie *d'enthymème* qui signifie raisonnement venant de l'esprit. C'est ce que je reformule comme *discours spéculatif*. La différence entre le *discours spéculatif* sur lequel repose la rhétorique et l'exemple qui fonde les inductions, c'est-à-dire les généralités théoriques du *formalisme subjectif*, tient au fait que pour le raisonnement spéculatif il n'y a aucune conclusion contraignante.

égard, la *structure des quatre discours* doit être considérée comme une rhétorique.

3. Différence entre la rhétorique du psychanalyste et la poétique

À la différence de nombre d'écoles lacaniennes qui dissolvent la psychanalyse dans la *poétique*, j'affirme au contraire que c'est la *rhétorique* qui compte pour le psychanalyste dans sa pratique. En effet, la poétique traite de ce qui n'est pas mais qui pourrait être c'est-à-dire les *fictions*, les *semblants* ; alors que la rhétorique s'occupe de ce qui est (le complexe d'Œdipe du sujet) et pourrait ne pas être (reconnu) si l'analysant ne le veut pas.

4. La rhétorique du psychanalyste comme genre démonstratif

Il existe plusieurs sortes de rhétoriques : celle de la rhétorique littéraire qui procède par *fiction*, celle de la rhétorique judiciaire qui se place dans le cadre du droit. À la différence de celles-ci, la rhétorique du psychanalyste relève du *genre démonstratif*[2]. Il s'agit ici d'un idéal qui vise aux explications causales (logos)

2. Ce qu'Aristote appelle *l'épidictique*.

dans le cadre d'une auto-contextualisation[3] de la problématique du sujet-de-l'inconscient. Celle-ci exige aussi un style simple et compréhensible même si les *affects* sont ici présents.

3. Aristote, *Rhétorique,* 1408a, 10, Édition et traduction Pierre Chiron, Paris, Garnier-Flammarion, 2007.

XI

L'expérience psychanalytique

1. S'autoriser psychanalyste ; accéder aux fins d'analyse

L'expérience de la psychanalyse montre qu'il y a deux moments dialectiques : celui de *s'autoriser psychanalyste* et celui de finir son analyse. En ce qui concerne le *s'autoriser*, la définition de ce moment est celle de la chute du *sujet supposé savoir* et de l'accès au manque dans le grand Autre noté S($\not{A}$). On constate que le désir de savoir qui en surgit est différent de l'amour de savoir. Ainsi, s'autoriser psychanalyste revient à produire un enseignement à partir de cette situation de *désêtre* du psychanalyste et d'une reconnaissance de sa *docte ignorance*. Sous cette catégorie, je désigne l'acceptation d'un *savoir* face à l'océan du *non su*, c'est-à-dire de *l'insu radical.*

Les multiples *fins de la psychanalyse* émergent de façon répétée en relation ou non avec le fait de s'autoriser psychanalyste, lorsque l'analysant extrait du discours de son grand Autre l'objet de son *fantasme fondamental* – objet à la fois objet de brillance, *agalma* et objet d'abjection.

2. Les fins d'analyse dans la névrose

Poser que les *consistances borroméennes* sont des *tores* permet de penser que les *fins d'analyse* se produisent quand le *Symptôme* vient *doubler mœbiennement* la dimension du *Réel* (R) de la Structure. En effet, l'objet du désir ne se constitue que dans le rapport au grand Autre, c'est-à-dire au travers de *la chose marquée du signifiant*, c'est-à-dire encore de la chose refoulée au profit des éléments inconscient du langage[1]. C'est alors que le sujet s'extrait de la *jouissance du grand Autre* pour se situer dans la suite signifiante ((S_1) → (S_2)). Car la zone topologique de l'objet (a) est alors coextensive à un (S_1), un *signifiant-maître*, qui n'ek-siste qu'à se référer aux (S_2) de toute la suite signifiante où se situe le désir comme mouvement métonymique.

---

1. J. Lacan , « Leçon 3, 29 novembre 1961 », *Le séminaire. Livre IX, L'identification : 1961-1962*, inédit.

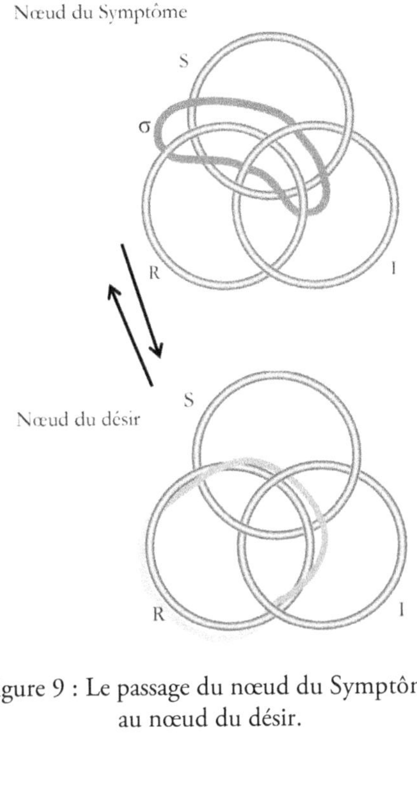

Figure 9 : Le passage du nœud du Symptôme au nœud du désir.

3. La direction de la cure ; les quatre discours

La *direction de la cure* ne relève pas du Moi de l'analyste mais de son *désir de psychanalyste*. Ce qui est exigé dans ce travail, c'est la *vérité des paroles* du psychanalyste. Mais d'où viennent ces vraies paroles, si elles ne viennent pas de son supposé Moi ? Notons alors que la relation analytique n'est pas celle de deux sujets, mais un jeu entre les quatre termes de la structure-de-l'inconscient ($\$$, S_1, S_2, a). C'est en ce sens que la relation analytique est prise dans le jeu de la *structure des quatre discours* ; à charge pour le psychanalyste de faire entrer et de maintenir l'analysant dans le discours psychanalytique. C'est dans ce jeu où s'atteste la primauté des signifiants que se révèle la véritable dimension de la cure. L'effet de signifiant étant exigé ici pour l'articulation de toute *vérité* en analyse. Il faut donc faire entrer dans la pratique analytique la considération du *fantasme fondamental*. Celui-ci n'est plus à concevoir comme une fonction imaginaire ni même comme une fonction symbolique mais comme un *Réel* qui implique le sujet dans sa jouissance, c'est-à-dire dans son *objet(a)* (de brillance/d'abjection). Le sujet de cette jouissance présente le mode de *la vérité dans le Réel*. C'est ce qui fonde dans le champ de la signifiance la différence entre savoir et vérité. La chute du sujet supposé savoir implique une position nouvelle, au-delà tant de l'amour que de l'horreur du savoir. C'est un désir de savoir concernant le *savoir insu de l'analysant*.

Bibliographie

Aristote

– *Physique* (IV, 12, 221b 7-10), Garnier-Flammarion, 2021, éd. Pierre Pellegrin.

– *Rhétorique*, trad. Pierre Chiron, Paris, GF Flammarion, 2007.

***

Freud, Sigmund

– *Compte-rendu de mon voyage d'études à Paris et à Berlin*, 1886, vol. I, 1886-1893, Ocf-P, Paris, PUF, 2015.

– *Moïse et la religion monothéiste,* vol. XX, Ocf-P, Paris, PUF, 2010.

***

Lacan, Jacques

– *Les complexes familiaux*, 1938, chez Navarin (1984), puis dans *Autres écrits*, Seuil 2001.

– « L'étourdit », 1972, *in Autres écrits,* Paris, Seuil, 2001.

– « Conférence donnée au Centre culturel français le 30 mars 1974 » dans *Lacan in*

Italia 1953-1978. En Italie Lacan, Milan, La Salamandra, 1978.

Le Séminaire

– *Livre VI, Le désir et son interprétation, 1958-1959*, Paris, De la Martinière, 2013.

– *Livre VIII, Le transfert, 1960-1961*, Paris, Seuil, 2004.

– *Livre IX, L'identification : 1961-1962*, inédit.

– *Livre X, L'angoisse : 1962-1963*, Paris, Seuil, 2004.

– *Livre XIX, …Ou pire : 1971-1972*, Paris, Seuil, 2011.

– *Livre XX, Encore : 1972-1973*, Paris, Seuil, 1975.

– *Livre XXII, R.S.I., 1974-1975*, Éditions de l'Association Freudienne Internationale.

– *Livre XXIII, Le sinthome : 1975-1976*, Paris, Seuil, 2005.

– *Livre XXIV, L'insu que sait de l'une-bévue s'aile à mourre : 1976-1977*. Inédit.

– *Livre XXV, Le moment de conclure, 1977-1978*, inédit, et éditions de l'Association Lacanienne Internationale.

***

Alféri, Pierre, *Guillaume d'Ockham, le singulier*, Les Éditions de Minuit, 1989.

Allouch, Jean, *L'Autre sexe*, Epel, 2016.

Bergson, Henri, *Durée et simultanéité*, 1922, Flammarion, éd. de Jean-Marc Lévy-Leblond, 2021.

Durkheim, Émile, *Les formes élémentaires de la vie religieuse*, Paris, PUF, 2012.

Joyce, James, *Portrait de l'artiste en jeune homme*, traduction Jacques Aubert, Gallimard, folio classique.

Paty, Michel, *Les trois dimensions de l'espace et les quatre dimensions de l'espace-temps*, Flament, Dimension, dimensions I, Fondation Maison des Sciences de l'Homme, Paris, 1998.

Poincaré, Henri, *La valeur de la science*, Flammarion, 1970.

Index des noms

Index général

Index freudien

Index formel

Index des catégories aristotéliciennes et grecques

Index des notations psychanalytiques

Index des notations mathématiques

Table des figures

Table des matières

Remerciements

Je veux ici remercier le psychanalyste et mathématicien Jean Bourdiau pour les échanges que nous avons eus concernant ce texte.

Du même auteur

2009. *Une introduction à la science psychanalytique*, Paris, Hermann.

2010. *Nazisme et Shoah, une approche psychanalytique*, Paris, Hermann.

2010. *Expérience antique du salut et psychanalyse. Sur Yonah/Jonas*, Paris, Hermann.

2012. *Différence entre psychanalyse et psychothérapies*, Paris, Hermann.

2012. *Sur l'espace subjectif*, Paris, Hermann.

2014. *L'Ecclésiaste. Une approche psychanalytique*, Paris, Hermann.

2015. *La différence homme/femme dans la sexuation.* Paris, Hermann.

2015. *Un commentaire psychanalytique de la Bible hébraïque*, Paris, Hermann.

2017. *L'inconscient, son espace-temps, Aristote, Lacan, Poincaré*, Paris, Hermann.

2017. *Cohérence philosophique de la psychanalyse. Aristote, Lacan*, Paris, Hermann.

2017. *Un lexique de topologie subjective,* Paris, Hermann.

2019. *Philosophie de la Bible hébraïque et psychanalyse, un lexique*, Paris, Hermann.

2019. *Psychanalyse et philosophie borroméenne*, Paris, Hermann.

2021. *La structure topologique de l'inconscient. Une suite à L'étourdit.*, Paris, Hermann.

2021. *Le réel, catégorie référentielle de la psychanalyse*, Paris, Hermann.

2022. *Athéisme psychanalytique et Bible hébraïque*, Paris, Hermann.

2022. *La finalité interne de l'inconscient*, Paris, Hermann.

2024. *Ce que la psychanalyse nous enseigne, comment l'enseigner ?*, Paris, Hermann.

2024. *Quelques avancées en topologie subjective et en théorie psychanalytique,* Paris, Hermann.

Anglais

2008. *On the Difference between Psychoanalysis and Psychotherapy*, NEF.

2015. *The Topological Transformation of Freud's Theory,* London, Karnac Books Ltd.

2019. *My Psychoanalytical Lexicon*, Hermann.

2019. *Psycho-analytical Commentary of the Hebrew Bible*, Hermann.

2019. *Subjective Topology, a Lexicon*, Hermann.

2019. *The Unconscious its Space-time, Aristotle, Lacan, Poincaré*, Hermann.

Allemand

2007. *Die Struktur der Andersheit Mann-Frau*, Turia & Kant, Wien.

2009. *Antike hebräische Heilerfahrung und Psychoanalyse. Das Buch Jonah*, Turia & Kant, Wien.

2012. *Die Psychoanalyse – eine paradoxe Wissenschaft*, Turia & Kant, Wien.

Hébreu

2004. *Ha-psychoanalysah Chel ha natzizm*, Resling, Israel.

2013. *Parchanout lacanianit al sepher Yonah*, Resling, Israel.

2017. *Parashot Ha-chavova beri ha-psychoanalyzah*, Idra, Israel.

Chinois

2018. 精神分析科学 (Jīngshén fēnxī kēxué), 北京师范大学出版社 (Běijīng shīfàn dàxué chūbǎn shè, Beijing Normal University Press Group/Society Co).

Dans la même collection

Bafoil François, *L'inlassable désir de meurtre,* 2017.

Barbro Sylwan et Réfabert Philippe, Freud, Fliess, Ferenczi. Des fantômes qui hantent la psychanalyse, 2010.

Baudin Marianne, Clinique projective, 2008.

Bossière Marie-Claude, *Le bébé au temps du numérique,* 2021.

Boukobza Claude, *Que peut la psychanalyse pour l'enfant ?*, préfacé et édité par Laurence Joseph, 2015.

Bourgain Anne, Chaperot Christophe et Pisani Christian, Le rire à l'épreuve de l'inconscient, préfacé par Pierre Delion, 2010.

Bursztein Jean-Gérard, *Propositions pour un nouvel abrégé de psychanalyse,* 2025.

— *Quelques avancées en topologie subjective et en théorie psychanalytique,* 2024.

— *Ce que la psychanalyse nous enseigne, comment l'enseigner ? Une approche topologique,* 2024.

— *Un lexique pour le psychanalyste lacanien*, 2022.

— *Athéisme psychanalytique et Bible hébraïque. Les dix paroles,* 2022.

— *La finalité interne de l'inconscient : la structure (R,S,I)*, 2022.

— *La structure topologique de l'inconscient. Une suite à L'étourdit,* 2021.

— *Le réel, catégorie référentielle de la psychanalyse*, 2021.

— *Psychanalyse et philosophie borroméenne,* 2019.

— *Philosophie de la Bible hébraïque et psychanalyse. Un lexique,* 2019.

— *L'inconscient, son espace-temps*, 2017.

— *Cohérence philosophique de la psychanalyse*, 2017.
— *Un lexique de topologie subjective*, 2017.
— *La différence homme/femme dans la sexuation*, 2015.
— Une introduction à la science psychanalytique, 2009.
Caruth Cathy, *L'expérience inappropriable. Le trauma, le récit et l'histoire*, 2023.
Chaboudez Gisèle, *Traversées des logiques sexuées*, 2024.
— *Ce qui noue le corps au langage*, 2019.
— *Que peut-on savoir sur le sexe ?*, 2017.
Christaki Angélique, *Cliniques d'étrangeté. L'inquiétante étrangeté et lettres en errance*, 2018.
— *La musique barbare de l'hallucination*, 2016.
Clavreul Jean, *Loi, éthique et psychanalyse*, 2014.
— *La clinique à l'épreuve de la psychanalyse*, 2011.
— *La formation des psychanalystes*, 2010.
Cooren Jean, *Autre pourrait être le monde*, 2015.
— *L'ordinaire de la cruauté*, préfacé par Pierre Delion, 2009.
Czemak Marcel et L'Heuillet Hélène, *Traverser la folie. Entretiens*, 2021.
David-Ménard Monique, *Chaos*, 2013.
— Éloge des hasards de la vie sexuelle, 2011.
Delion Pierre, *Quand lire c'est faire*, 2013.
— *Le corps retrouvé. Franchir le tabou du corps*, 2010.
Desroches Patricia, *Toucher, être touché. Philosophie, psychiatrie, psychanalyse : regards croisés*, 2025.
Etchegoyen Horacio, Fondements de la technique psychanalytique, 2005 (réimp. 2015).
Ey Henry, de Ajuriaguerra Jullian et Hécaen Henri, *Neurologie et psychiatrie*, 1998.
Feys Jean-Louis, L'anthropopsychiatrie de Jacques Schotte, 2009.

Franck Annie, *Entrelacs. Résonances transférentielles*, 2015.
— Psychanalyses entre mots, 2011.
— Beautés et transfert, 2007.
Garate Martinez Ignacio, Conversations psychanalytiques, 2008.
Gaudillière Jean-Max, *Naissance d'un sujet politique. Séminaires 8-14*, 2021.
— *Leçons de la folie. Séminaires* 1-7, 2020.
Gorog Jean-Jacques, *La psychanalyse, une nouvelle langue. À propos du désir du psychanalyste*, 2024.
— *Les Fantaisies du temps. L'urgence et sa logique*, postface de Virgil Ciomos, 2023.
— *Vous avez dit pervers? Pour en finir avec les malentendus*, 2021.
— *Dire que non. Quelques remarques sur le transfert*, 2016.
— *L'acte du psychanalyste. L'Angoisse chez Lacan : affect ou passion?*, 2013.
— *Ferenczi après Lacan*, 2009.
Green André, *L'Aventure négative. Lectures psychanalytiques d'Henry James*, 2009.
Habib Stéphane, *Faire avec l'impossible*, 2017.
— *La langue de l'amour*, 2016.
Haenel Yannick, *Diane et Actéon*, 2020.
Horvilleur Delphine, *Le rabbin et le psychanalyste*, 2020.
Houssier Florient (dir.), *L'anamorphose adolescente. À partir des travaux de François Marty*, 2023.
Joseph Laurence, *La chute de l'intime. La mélancolisation du discours*, 2021.
La Genardière, Claude de, *Rue Freud*, 2014.
Laufer Laurie, *Murmures de l'art à la psychanalyse. Impressions analytiques*, 2021.

Legrand Dorothée, *Écrire l'absence. Au bord de la nuit,* 2019.

Le Poulichet Sylvie, *Les poétiques du corps. Actes de naissance en analyse*, 2018.

Martens Francis, *Lacan pris au mot. Les fureurs de Bonneval ou Laplanche maudit par son maître,* 2022.

Normand Claudine, Petite grammaire du quotidien. Paradoxe de la langue ordinaire, 2010.

Oury Jean, Préfaces, 2008.

— Essai sur la création esthétique, 2008.

— Itinéraires de formation, 2008.

— La psychose, l'institution, la mort, 2008.

Oury Jean et Roulot Danièle, Dialogues à La Borde, 2008.

Oury Joëlle, *Daniel H.* La modeste contribution d'un pâtissier à l'équilibre terrestre, 2013.

Pouillaude Élie, *L'Aliénation*, 2014.

Rabant Claude, *Néant et Création. Ce que peut le corps,* 2018.

— La frénésie des pères, 2012.

— Délire et théorie, préfacé par René Major, 2012.

— Inventer le réel. Le déni, entre perversion et psychose, 2011.

— Métamorphoses de la mélancolie, préfacé par Jean Oury, 2010.

Reznik Serge, *Les défaillances de la certitude*, 2020.

Roghe Gilles, *Ordre et Chaos*, 2025.

Roulot Danielle, *L'avec schizophrénique,* préface de Michel Balat et postface de Jean Oury, 2014.

Safouan Moustafa, *Le Transfert et le désir de l'analyste*, nouvelle édition présentée et établie par C. Hofflann, 2024.

— *Jacques Lacan et la question de la formation des analystes,* présentation de C. Hoffmann, 2e éd. 2021.
— *La civilisation post-œdipienne,* 2018.
— *Le puits de la vérité*, 2017.
— *Regard sur la civilisation œdipienne. Désir et finitude,* 2015.

Safouan Moustafa et Hoffmann Christian, *Questions psychanalytiques,* 2015.

Samacher Robert, Sur la pulsion de mort, 2009.

Schotte Jacques, *Vers l'anthropopsychiatrie. Un parcours,* 2008.

Collectifs

Campi Edith et Chaboudez Gisèle (dir.), *Venise et le rêve,* 2015.

Chemama Roland et Hoffmann Christian, *Pratique psychanalytique et politique*, 2013.

Gorog Jean-Jacques (dir.), *Ferenczi après Lacan*, 2009.

Joseph Laurence et Masson Céline (dir.), *Résumé des œuvres complètes de Freud*, 4 volumes, 2008-2010.

Lauth Marie-Lise (dir.), Ella Sharpe lue par Lacan, 2007.

Masson Céline (dir.), Tracer / désirer. Le dessin d'enfant dans la cure psychanalytique, 2010.

Vanier Catherine et Alain (dir.), Winnicott avec Lacan, 2010.

www.ingramcontent.com/pod-product-compliance
Lightning Source LLC
LaVergne TN
LVHW021737071126
851857LV00040B/1483
* 9 7 9 1 0 3 7 0 4 5 4 4 7 *